Bernhard Winter
Sie lachen wo ich nicht

Bernhard Winter

# Sie lachen
# wo ich nicht

## Futter für große und kleine Füchse

Mit einem Geleitwort von Gerhard Polt

Verlag Neue Stadt
München · Zürich · Wien

*Gewidmet allen, die anders lachen*

Editorischer Hinweis:

Bei der Groß- und Kleinschreibung sowie der Zeichensetzung wahrt der Autor seine künstlerische Freiheit.

Klimaneutral gedruckt – weil jeder Beitrag wichtig ist

2023, 1. Auflage
© für die Auswahl und Zusammenstellung:
   Verlag Neue Stadt GmbH, München
© für die Einzeltexte: Bernhard Winter
© für die Bilder: Miri Haddick
Gestaltung und Satz: Stefan Liesenfeld
Druck und Bindung: Graspo, Zlín, Czech Republic
ISBN 978-3-7346-1320-3
www.neuestadt.com

*um / verdienen, um / mehr zu verdienen /*
*schnell sein, um / schneller zu sein / alt wer-*
*den, um / älter zu werden / tot sein, um / um*
*Bernhard Winter*

## Geleitwort

Das UM, welches jede Selbstlosigkeit zur Ver-
zweiflung bringt, verwirrt fraglos die Seele. Nun
zum „UM!", vielleicht auch „UM??" – ja was nicht
alles? Stimmt, die Nützlichkeit steht ganz oben
an und verbreitet Ehrfurcht. „Zu viel Papst, zu
wenig Petrus!"

Wie Mehltau liegt das Unlustige über der Freude.
Die aber lässt sich nicht einfangen und deshalb
macht mich diese Sprache froh! Dass sie aber auch
gesprochen, vorgetragen noch einen sonoren
Klang hat, zeichnet sie aus! Ich höre, was ich lese!
Eine Praline fürs Ohr – dem Eingang ins Innerste!
Diesen Gedanken ist der Brei nicht zu heiß, und sie
führen mich dorthin, wo ich lange nicht mehr war.
Ich möchte nicht Kind sein, aber kindlich, und
auf die Frage „Seid ihr alle da?" rufe ich mit Be-
geisterung „JA!"
Gerhard Polt

# Inhalt

## sie lachen wo ich nicht

sie lachen wo ich nicht
lachen kann

sie flüstern wo ich
schreien will

sie stehen wo ich
knie

ich
gehe

# Alles, was wehtut

# Wild doch mir nah war

Wild doch mir nah war
der Fluss der riss
und noch riss als der
Damm ihm das Bett nahm

Wild doch mir nah war
der Baum der trieb
und noch trieb als die
Axt ihm ins Holz fuhr

Wild doch mir nah war
der Fuchs der biss
und noch biss als die
Jagd ihm ans Fell ging

Wild doch mir nah ist
der Narr der pfeift
und noch pfeift wenn die
Welt ihm das Maul stopft

# Doch mit Sorge schon damals

An jenem Montag an dem ich
als erster von vierzehn Fischen
aus dem Meer ans Land stieg
hatte ich Hoffnung

Hoffnung hatte ich
für Salamander und Schwalbe
für Gazelle Hund und Gorilla
und noch für die aufrechte Lucy*

Doch mit Sorge schon damals

dachte ich an meinen späten Enkel

Sepp Sapiens

* „Lucy" ist eine frühe Vorfahrin des Menschen, deren Skelett
1974 im heutigen Äthiopien gefunden wurde. Sie hat vor mehr als
drei Millionen Jahren gelebt.

## Meine Katze töte ich nicht

Meine Katze töte ich nicht
Ich töte den Käfer
Den Dackel töte ich nicht
Nur die Fliege bin Mensch

Unsere Pferde essen wir nicht
Nur die Kühe sind Mensch

# Das kleine Brotmesser nicht zu vergessen

Meine Amme lehrte mich
mit dem linken Fuß
zuerst

aus dem Bett zu steigen
und beim
aus dem Haus Gehen ja
das kleine Brotmesser nicht zu vergessen

Wölfe

konnten meinen Weg kreuzen
Wölfe
gestürzte Bäume
ein Stück Beute
vielleicht auch

ein Mensch

## Für den armen Paul

Die Flügel gestutzt
Und sie sagen
*Flieg, mein Kleiner*

Die Augen geblendet
Und sie sagen
*Schau dich nur um*

In den Käfig gesperrt
Und sie sagen
*Sei so frei*

## sie sagen sag ruhig

sie sagen sag was
du denkst sag ruhig
was du denkst aber
sie denken wenn

er sagt was er denkt
uns heut wirklich sagt
was er denkt wird er

heut noch gehenkt

## sie sagen kids statt kinder

sie sagen kids statt kinder
inklusion statt: du gehörst dazu
senioren statt alte menschen
feedback und nicht: ich hör dir zu

## herzwärts

statt unsre Kinder
herzwärts hauchend
zu beatmen

vermaßen wir sie
hirnwärts zerrend
zu beamten

# Anders bin ich und doch nicht

Anders bin ich und doch nicht
anders, Schwestern und Brüder, als ihr

Stumm bin ich und doch nicht
stumm: Klingen und Rufen in mir

Blind bin ich und doch nicht
blind: Bilder, Gesichter in mir

Fremd bin ich und doch nicht
fremd: Hoffnung und Sehnsucht in mir

Anders bin ich und doch nicht
anders, Schwestern und Brüder: bleibt hier

# Zu viel Stier, zu wenig Kuh

Zu viel Zeug, zu wenig Spiel
zu viel Plan, zu wenig Ziel
zu viel Ernte, zu wenig Saat
zu viel Rede, zu wenig Tat

Zu viel Papst, zu wenig Petrus
zu viel Stau, zu wenig Blutfluss
zu viel Lärm, zu wenig Klingen
zu viel Räuspern, zu wenig Singen

Zu viel Luft, zu wenig Saft
zu viel Stoff, zu wenig Kraft
zu viel Stier, zu wenig Kuh
zu viel Ich, zu wenig Du

## Mensch es ist Tag
*(Gedanken in der Mitte einer Tagung)*

Mensch es ist Tag warum
schließt du den Vorhang
sperrst uns in
künstliches Licht?

Wir suchen die Sonne
unser Auge braucht Ausgang
dein Strahl an der Wand
der wärmt uns nicht!

Mensch wir sind nah warum
sprichst du im Lautspruch
bedrängst uns mit
dröhnendem Ton?

Wir suchen nach Weisheit
auf den Lippen nach Wahrheit
zweihundert Watt
täuschen uns nicht!

Mensch wir sind da doch du
siehst uns nicht hörst nicht
füllst uns mit
Blasen und Luft!

Wir suchen den Rotwein
wir hungern nach Schwarzbrot
gewässerten Zwieback
fressen wir nicht

# Gespräch unter Nachbarn

Sprach das Zimmer mit Tür
zum Zimmer mit Fenster
Nachbar oh Nachbar
hätt ich deinen Blick
den Blick aus dem Fenster
glücklich wär ich:
Schön ist die Welt
doch seh ich sie nicht

Sprach das Zimmer mit Fenster
zum Zimmer mit Tür
Nachbar ach Nachbar
was nützt mir mein Blick
der Blick aus dem Fenster
traurig bin ich:
Ich bin allein
zu dir kommt die Welt

## um

verdienen, um
mehr zu verdienen

schnell sein, um
schneller zu sein

alt werden, um
älter zu werden

tot sein, um

um

# Alles, was sein kann

## Spiegel

Warum
Bin ich hier
Warum der Fuchs der Apfelbaum

Und sag doch sind wir wirklich wir
Oder Bild in eines Andern Traum
Will Jenes in dem Alles ist

Uns träumend:

Sich im Spiegel schaun
Das Viele aus dem Einen baun
Das Große mit dem Kleinen traun

Warum bin ich hier warum der
Fuchs der Apfel
Baum?

# Freiheit

Wie ein Fisch
Frei und doch
Gehalten im Fluss
Zappeln und zielen
Stranden und strömen
Ein Nein und das Ja
Warten und weiter
Der Fluss fließt
Zum Meer

## Ein Riechen

Hundert Schauen ist wie
Zehn Hören ist wie
Ein Riechen

## Wer B schweigt

Wer B schweigt darf
auch A schweigen

# mein blauer baum

Ich
glaubte nicht an
meinen blauen baum
meine schlauigkeit erlaubte es
mir nicht mein blauer baum aber
glaubte an mich und schau:
aus seinem
laub
e i n
blauer
baum
gesang

**gras
klar**

war
um

fällt
das
gras
nicht

um?

viel
leicht

weil
das
gras
leicht

ist

weil
das
gras
klar

ist

ein
fach
nur
da

ist

dar
um

31

## Barfuß im Garten

Büsche und Blumen, Bäume, das Gras
Bin oft drüber gestreift – rasch, mit Auge und Fuß:
Das Gras, es war grau, grau für Auge und Fuß

Johannisbeer, Löwenzahn, die Birke, das Gras
Heut früh war ich wach –
         wach und barfuß im Garten:
Der Tau, Wurzeln, Farben,
         wach und barfuß im Garten

## Birke

Gestern hab ich dich ausgedacht
hab dich geerdet, gesetzt
dich gegossen, gewartet

Heute hab ich dich angeschaut
hab dich umfangen, gespürt
dich ermessen, erklettert

Das Weiße im Schwarzen
das Weiche im Harten
das Kleine so hoch:
du meine Birke, mein Baum

## Was bringt das ü?

Den Mund zum Küssen
den Sturm zum Stürmen
den Turm zum Türmen

dem Schluss den Schlüssel
dem Zug die Zügel
dem u die Flügel

dem Bogen Ziel:
der Fürstin Spiel

## Was bringt das ö?

Das Ohr zum Hören
den Strom zum Strömen
den Ton zum Tönen

dem Los Erlösung
dem Sohn Versöhnung
dem o die Krönung

dem Kreis das Ziel:
des Königs Spiel

## wir könnten

wir könnten neue stiegen steigen
endlich zu den riesen reisen
ihnen unsere ziegen zeigen
und denen frische wiesen weisen

## Trau nur dem Löwen

Zum Wärter des Löwen will ich nicht
will nur zum Löwen
Dem Wärter des Löwen trau ich nicht
trau nur dem Löwen

Zum Vetter des Königs will ich nicht
will nur zum König
Dem Vetter des Königs trau ich nicht
trau nur dem König

Zum Herold der Göttin will ich nicht
will nur zur Göttin
Dem Herold der Göttin trau ich nicht
trau nur der Göttin

## wind

und wenn von wüsten alles verdeckt wird
und ich meine alles: wirklich alles
die wiesen die wege die worte auch du
von wüsten, geweht von dem einen wind

so ist da unten doch alles noch wach
und verloren ist nichts: überhaupt nichts
die wiesen die wege die worte und wir
da unten – berührt vom anderen wind

**und**

Mit dem
Schlimmsten rechnen

und

an das Beste
glauben

## alles und nichts

und wenn alles verloren ist
alles, wirklich alles, so ist
doch in Wirklichkeit nichts
verloren, überhaupt nichts

# Alles, was losgeht

## Selbstvertrauen

Schau mich an
hör mir zu
sei da
und
ich
wachse
aus Wurzeln
zu Blüte und Frucht

## Im Runden den Riss

Doch das Runde, so wunderbar Runde
ist mein Freund nicht

Denn eure Kreise, Kugeln und Kreise
sie rollen mich ein
und zingeln mich um

O zeigt mir Kanten, Knicke und Kanten:
im Runden den Riss
ins Freie den Schlitz

Den Schlupfspalt hinaus

## gestern in sparta

gestern in sparta
als ich dem blauen wellensittich
in *seiner* sprache
ehrliche antwort geben wollte
wurde mir auf einmal klar

ich hatte das pfeifen verlernt

und nahm dies zum anlass
mein leben neu zu beginnen

## Der Berg bewegt sich nicht

Und wenn die Feinde näher kommen, näher
jede Nacht näher: der Berg bewegt sich nicht
Und wenn das Böse mehr wird, immer mehr
jede Nacht mehr: der Berg bewegt sich nicht
Und wenn das Grauen da ist, rundherum da ist
jede Nacht da ist: der Berg bewegt sich nicht

Wenn dann sich der Berg bewegt, langsam doch
jeden Tag stärker: das Haus der Hölle fällt ein

## Bevor der Stein das Herz mir frisst

Stürze steige flieg empor
weißer Falke hin zum Licht
will dich aus dem Turm heut lassen
bevor der Stein dein Auge bricht

Türme Mauern Burgen bauen
ich weiß dass das nicht Alles ist
will das Weite wieder finden
bevor der Stein das Herz mir frisst

## Das Schiff

Und es kommt die Nacht
Und mit ihr die Angst
Und ich bleibe wach

Und es kommt der Tag
Und mit ihm das Wort
Und ich breche auf

Und es kommt der Wind
Und mit ihm das Schiff
Und ich steige ein

## Kristina, die Erstaunliche

In eure Kästchen passt sie nicht
ist kantig zu quer
in eure Schlinge schlüpft sie nicht
ist listig zu wach

euer Hammer trifft sie nicht
ist mutig zu flink
euer Schweigen bricht sie nicht
singt garstig ihr Lied

## Sechse kommen durch die ganze Welt

Ich kann schweigen
du kannst lesen
er kann wiehern
sie kann brüllen
es kann lachen
wer kann tanzen?

Sechse kommen
durch die ganze Welt

## Kleine Nachtigall

Und warten auch hundert Lieder in dir
kleine Nachtigall
du schweigst

Und warben auch hundert Händler um dich
kleine Nachtigall
du schweigst

Und starben auch hundert Prinzen für dich
kleine Nachtigall
du schweigst

Von hundert Rosen ein Garten
kleine Nachtigall

und du singst

## Schick Alkan und Aiwa

Zu gewinnen die Gunst, der Königin Gunst
verließ er die Stadt
grußlos allein

Am Tor traf er Alkan, den Enkel des Falken
Kommst du mit mir?

Ich komme mit dir

Beim Kreuzweg saß Aiwa, die Ahnin der Eulen
Kennst du den Weg?

Ich kenne den Weg

Im Schlosshof dann Loki, der listige Kater
Weißt du den Spruch?

Den Spruch weiß ich, ja, doch dir öffnet er nicht
Er öffnet dem Falken
er öffnet der Eule

Was muss ich tun, sag, Loki, listiger Kater?

Schick Alkan und Aiwa, schick sie zusammen
den Falken, die Eule,
den Tag und die Nacht

Aus ihrer Mitte
wirst du gewinnen
gewinnen die Gunst, der Königin Gunst

## Du bist schön

Du bist der Berg sagt
die Amsel zum Adler
denn du fliegst hoch

Du bist der Berg sagt
der Knabe zum Vater
denn du bist stark

Du bist der Berg sagt
der Gipfel zur Rose
denn du bist schön

## Ode an die türkische Sprache

Güneş, güney und yıl und yol
ihr klingt in meinen Ohren voll
Güney, güneş und yol und yıl
ihr macht, dass ich euch hören will

Sagen will ich euch und singen
durch mein Wort zum Klingen bringen
Singen will ich euch und sagen
über Meer und Berge tragen

## In meinem Land, bayerisch weiß-blau

In meinem Land
bayerisch weiß-blau
bayerisch vertraut:

spanische Bücher
türkische Töne
japanische Flüche
Zimt, Koriander
Weine von weither
ein grau-rotes Tuch

In meinem Land
bayerisch weiß-blau
bayerisch vertraut:

griechische Mönche
Muslime aus Melbourne
ein Lied aus Taizé
Schweden und Sachsen
Gelbe und Schwarze
der See und der Berg

In meinem Land
bayerisch weiß-blau:

farbige Fäden
im weiß-blauen Teppich
lebendiges Weben
bayerisch vertraut

## Entwicklung

neinen
weinen
wähnen
währen
nähren
nahen
jahen

## Annäherung

bääh

määh

muuh

puuh

duuh

## Wo Orangen singen

Ich wohnte im Garten
Am Rande im Garten
Im Garten war Nacht:
Bäume, die ächzten
Sträucher, die klagten
Der Rhabarber – ein Schrei

Dies nahm ich als Zeichen
Als Warnung und Zeichen
Nicht weiter, nicht gehn

Doch gestern von ferne
Ganz leise von ferne
Von ferne wie Hauch:
Ich hörte Orangen
Orangen, die sangen
Ihr Ton flog mich an

Und mein Ohr wurde weit
Und mein Ohr wurde Schritt
Ich ließ es geschehn

Und ließ es geschehn

## Langes mach kurz

Langes mach kurz
Trübes mach klar
Stolzes mach klein
Lüge mach wahr

## ich bin ich

welt bin ich
ich bin welt:
weh bin ich
ich bin weh

macht bin ich
ich bin macht:
ach bin ich
ich bin ach

nicht bin ich
ich bin nicht:
ich bin ich

ich bin ich

# Nein

Doch

# Was Wörter können,
# was Namen machen

# flogenfolgen

## 1

Als ich aufhörte
Feinde und Pläne zu
verfolgen
verflogen
allmählich auch meine
Falten und Sorgen


## 2

sie dachten nicht an späte
folgen
und
flogen
einfach in die nacht hinaus

## furchtfrucht

sie aßen von der frucht
bis die furcht sie fraß

und genasen an der frucht
als die furcht sie vergaß

## Auf und ab

Aufstreben

bis zum

Absterben

# falschschlaf

1

als er dann
in schlaf fiel
lief alles
falsch ab


2

als er dann doch in schlaf fiel
fiel von ihm alles falsch ab

## scholtenschloten

mit den vorwurfsvollen worten
haltet abstand zu den schloten
scholten tauben ihre kinder
als sie nach und nach verdohlten

## lostenlotsen

ich bin ein
ruhiger
passagier

doch als der

lotse
loste

wurde auch
ich plötzlich

unruhig

## Grätengärten

Doch ich vergaß die Namen
unsrer Fische
stündlich betend zu besprechen
an den Teichen unsrer Gärten

Als ich dann kam nach zwanzig
stummen Jahren
fand ich Wüste sah ich Steine
in den Teichen nur mehr Gräten

## Orangenschälen

In eurem Gieren nach Organen
Für immer neue Plantationen
Erzeugt ihr Tiere in Plantagen
Zerschält sie täglich wie Orangen

## Vereinsamt

ohne mein Vereinsamt
bin ich dann vereinsamt

## Alexander, der in die Schule kommt

A l e x a n d e r
und kein andrer
ist jetzt groß und wird ein Schüler sein
wird was lernen
von Mond und Sternen
und auch vom rosa Rüsselschwein

A l e x a n d e r
wie kein andrer
wird bald Ohr und Bleistift spitzen
wird viel fragen
was Kluges sagen
und dann wieder heimwärts flitzen

73

## Amanda, die keine Angst hat

Der Panther folgt dem Pandabär
Will ihn heut fressen als Dessert
Da kommt vorbei Amanda
Verjagt den Panther, rettet Panda

## Valentin, der Marzipan liebt

Der Valentin, der Valentin
Der isst so gerne Mirzapin
Doch halt, da stimmt ja etwas nicht:
Marzipin heißt das Gericht

Das hört sich wieder komisch an
Ich glaub du meinst das Mirzapan
Jetzt hilft nur noch ein Zauberspruch
Aus meinem klugen Zauberbuch:

Mirzamarza-Zipzapzin
Marzipan liebt Valentin

## Sevgi, die Fahrrad fährt

Sevgi
Firat
ohne
Fahrrad
ist wie
Nilfahrt
auf dem
Euphrat

## Paulina, die in dem grauen Haus wohnt

Das Haus war grau war Grausen
Katze wohnte nicht darin kein Hund
Grau war im Kochtopf in den Betten
Grau auf dem Boden und im Schrank

Graues Grausen überall

Paulina wollte länger in dem
Grauen Graus nicht bleiben
Und sagte leise: Morgen geh ich fort
Nach Süden suche mir ein rosa Blau

Ja! Ich suche mir ein rosa Blau

## Fabrizi, der sein O mag

Fabrizi O
Kann's sowieso:
Mit dem Schwert die
Bälle haun
Wunderbare
Türme baun
Rechnet lange
Ketten aus
Findet jeden
Trick heraus
Kocht sehr gut O
rangentee
Schleckt am liebsten
Himbeerschnee

# ode an das a

o a
anfang allen anfangs
aller töne schönster
aller farben glanz
aller namen wahrster
aller zeichen sinn

o du mein a

Foto: Walter Daschner

**Bernhard Winter** ist in Augsburg geboren, er lebt in der Nähe von München und arbeitet dort als Psychotherapeut. Als Autor hat er sich mit Essays und vor allem mit seiner eigenwilligen Poesie – widerständig im Inhalt, eingängig im Klang – einen Namen gemacht. Zuletzt erschienen von ihm „wie weit ist ein wir? Spuren in die Liebe" und „Kurz und glücklich. Vierzig Mantras für ein gutes Leben".

**Dieses Buch** hat eine ganz besondere Geschichte: Die Idee entstand „im Zusammenwirken mit Dritt- und Viertklässlern einer Schule in Göppingen und anderen Füchsen", erzählt Bernhard Winter. „Es war ein großes Geschenk für mich zu erleben, dass meine Worte nicht nur für Erwachsene, sondern auch für Kinder Futter sein können: Futter fürs Nachdenken über Freiheit und Anderssein, für den Mut zum Neinsagen, für das Philosophieren über den Lebenssinn – und auch für die Freude am Spielen mit Sprache und Buchstaben."

  Nähere Informationen zum Autor:
www.winternetz.net

---

  Mehr zu Miri Haddick:
www.miri-haddick.de

---

  Mehr aus dem Programm des Verlags Neue Stadt:
www.neuestadt.com